# ANALISI DEL LIBRO

AF137808

# La principessa di Cleves

MADAME DE LAFAYETTE

# ANALISI DEL LIBRO

Scritto da Vincent Jooris
Tradotto da Sara Rossi

# La principessa di Cleves

MADAME DE LAFAYETTE

# MADAME DE LA FAYETTE

## SCRITTRICE FRANCESE

- **Nata nel 1634 a Parigi**
- **Morta nel 1693 nella stessa città**
- **Alcune delle sue opere**:
  - *La Principessa di Montpensier* (1662), romanzo
  - *Zayde* (1669-1671), romanzo
  - *La Principessa di Cleves* (1678), romanzo

Marie-Magdeleine Pioche de la Vergne, nota come Contessa de la Fayette, nacque il 18 marzo 1634 e morì di cuore il 25 maggio 1693 a Parigi. Era figlia di un signore di nobiltà minore. Il padre morì nel 1649 e la madre si risposò con un uomo di nome Renaud de Sévigné, zio della marchesa de Sévigné (letterata francese, 1626-1696). Marie Magdeleine divenne amica di quest'ultimo, che la invitò a frequentare la società di corte e i salotti letterari dell'epoca. Lì conobbe Jean-François Motier, conte de la Fayette, che sposò. Sposati senza amore, la coppia si esaurisce e il conte de la Fayette decide di ritirarsi in campagna, lasciando la moglie a Parigi.

Nei salotti letterari la contessa conobbe La Rochefoucauld (scrittore francese, 1613-1680) con il quale strinse una stretta e duratura amicizia. Grazie a questa relazione si è iMmersa nel mondo dei letterati. Da quel momento in poi, Racine (1639-1699), Corneille (1606-1684) e molti altri divennero gli autori che Marie-Magdeleine leggeva e ascoltava.

Durante gli anni trascorsi in questa società di studiosi, scrisse per la prima volta due racconti: *La Princesse de Montpensier* (1662) e *Zaïde* (1670), che illustrano perfettamente i temi letterari del suo tempo. Tuttavia, Mme de la Fayette cercò di innovare e, con l'aiuto di La Rochefoucauld, passò ad uno stile di scrittura improntato alla storia e all'accuratezza. Ha scritto *Histoire d'Henriette d'Angleterre*, le memorie della Principessa inglese Henriette (1644-1660). Nel 1678 pubblicò *La Principessa di Cleves*: l'opera, di un genere difficile da definire perché a metà strada tra il romanzo storico e il romanzo analitico, ebbe un enorme successo. Fa parte di una nuova scuola letteraria e, come tale, è considerato il primo libro che corrisponde alla concezione moderna del romanzo.

# LA PRINCIPESSA DI CLEVES

## UN ROMANZO SULLA PASSIONE

- **Genere:** romanzo
- **Edizione di riferimento:** *La Princesse de Clèves*, Paris, Librairie Générale Française, 1999, 256 p.
- **1ª edizione:** 1678
- **Temi:** fedeltà, dilemma, adulterio, reputazione, passione

Il romanzo, scritto in collaborazione con Segrais (poeta francese, 1624-1701) e La Rochefoucauld, fu pubblicato in forma anonima nel 1678, poiché Mme de La Fayette rifiutò espressamente di farselo attribuire, in quanto incompatibile con il suo sesso e il suo rango. Alla sua pubblicazione, l'opera fu oggetto di un'abile campagna stampa su *Le Mercure galant*, che contribuì al suo successo; un clamore che non si smentirà nei secoli, considerato da molti come il primo romanzo psicologico moderno.

*La Principessa di Cleves* racconta il conflitto che tormenta l'eroina eponima, combattuta tra la fedeltà che deve al marito e la distruttiva passione amorosa che reprime nei confronti del Duca di Nemours.

# SINTESI

## PARTE 1

Nel 1558 si presentò alla corte di Enrico II (re di Francia, 1519-1559) una bella ragazza di 16 anni: Mlle de Chartres. Rimasta orfana di padre, fu accompagnata dalla madre, che l'aveva eDucata.

I progetti di matrimonio tra vari membri della corte falliscono a causa di intrighi. Il Principe di Cleves si propone a Mlle de Chartres. La giovane donna acconsente a questo matrimonio di convenienza, diventando così la Principessa di Cleves. Lei e sua madre partono dal presupposto che la tenerezza e il tempo faranno sbocciare l'amore coniugale.

A un ballo dato dal re, la Principessa incontra il Duca di Nemours. Tra i due nasce una passione che li consuma, ma che rimane nascosta.

Mentre Mme de Chartres è in fin di vita, la figlia le racconta i suoi sentimenti per Nemours. La madre implora la figlia di rinunciare a questa passione, che teme possa danneggiarla. Mme de Clèves decide allora di ritirarsi in campagna, a Coulommiers.

## PARTE 2

Lì, Mme de Clèves viene a sapere della morte di Mme de Tournon, una donna che ammirava. Il Principe di Cleves le racconta un aneddoto: uno dei suoi amici, M. de Sancerre, era innamorato da due anni di Mme de Tournon, e lei aveva segretamente promesso di sposarlo. Tuttavia, il giorno della sua morte, M. de Sancerre scoprì alcune lettere appassionate che non erano indirizzate a lui; Mme de Tournon aveva infatti fatto lo stesso discorso a M. d'Estouville. M. de Sancerre era estremamente turbato. Il Principe di Cleves trasse una conclusione generale da questa storia: per una donna sposata è meglio confessare qualche inclinazione altrove che nasconderla al marito; quest'ultimo non ne sarebbe turbato, perché non avrebbe la spiacevole sorpresa di una relazione rivelata. La Principessa fu profondamente turbata da queste ultime parole.

Il Principe di Cleves convince la moglie a seguirlo a Parigi. Si rende conto di provare ancora qualcosa per il Duca di Nemours. Da parte sua, Nemours ha rinunciato alle speranze di una corona inglese per amore di lei. La Principessa di Cleves cerca di controllare le sue emozioni e vuole fuggire di nuovo.

Un giorno si accorge che Nemours sta rubando un suo ritratto. Tuttavia, la donna rimane in silenzio, per paura di rivelare pubblicamente la passione del Duca e per non incitarlo a dichiarare il suo amore. Nemours si rende conto che la Principessa ha osservato la scena, ma non lo ha denunciato. Torna a casa felice, sapendo di essere amato.

Durante un torneo, il Duca rischia di farsi male. Lo sguardo preoccupato di Mme de Clèves è inequivocabile. Il Cavaliere di Guisa, anch'egli innamorato della Principessa , se ne accorge e capisce che non ha alcuna possibilità di conquistarla; parte all'avventura, lontano dalla Francia, e morirà all'estero.

Un giorno, la Principessa intercetta una lettera di una donna che circola a corte e che suggerisce che Nemours ha una relazione. Mme de Clèves sente crescere in sé la gelosia.

## PARTE 3

In realtà, la lettera era destinata alla vidame de Chartres, zio della Principessa e confidente della Regina. Rischiava molto se fosse stato identificato: il suo amante sarebbe stato compromesso e la regina lo avrebbe rimproverato per questa avventura. La vidame incaricò allora il Duca di Nemours di una missione: spacciarsi per il destinatario della lettera.

Nemours visita Mme de Clèves e dimostra la sua buona fede. In questo modo dissipa la gelosia della Principessa e recupera la lettera. Nemours lo passa alla vidame, che lo restituisce all'amante. Tuttavia, il Dauphine rivendicò anche la nota che aveva causato il problema. È quindi necessario copiarlo dalla memoria. In presenza di M. de Clèves, la Principessa e il Duca riscrivono la lettera. Si godono questo momento di intimità. Tuttavia, l'imitazione è imperfetta e la Regina si accorge dell'inganno. La vidame perde così la sua stima.

Ancora una volta preoccupata dalla passione che prova per il Duca, la Principessa torna a Coulommiers. Il marito la rimprovera per il suo gusto per la solitudine. Poi confessa il suo amore per un altro uomo. Dice che deve allontanarsi dal tribunale per rimanere degna di suo marito. All'inizio riconosce la sua sincera lealtà, ma poi non può fare a meno di incalzarla con domande gelose. Tuttavia, non rivela il nome del suo amante. Nemours, nascosto, ha assistito alla scena.

Poco dopo, il Re chiede al Principe di Cleves di tornare a Parigi. Rimasta sola a casa, la Principessa è spaventata dalla sua confessione, ma si convince di essere rimasta fedele al marito.

Nemours è diviso: capisce che questa confessione pone fine ad ogni speranza di ottenere il favore della Principessa , ma è felice di amare e di essere amato a sua volta. Non riesce a trattenere il desiderio di raccontare la storia alla sua amica vidame. Nonostante il discorso evasivo e impreciso del Duca, la vidame capisce che si tratta proprio del suo amico. Grazie a questa imprudenza, la storia diventa pubblica. Il Principe e la Principessa di Cleves si accusano a vicenda di aver rivelato la loro conversazione, senza sapere che Nemours li ha ascoltati.

Il re muore durante un torneo.

## PARTE 4

La corte si reca a Reims per l'incoronazione del nuovo Re. Nel frattempo, la Principessa rimane a Coulommiers. Nemours la osserva di notte, mentre lei contempla un suo quadro. Questo lo incoraggia a unirsi a lei. Credendo di riconoscerlo in giardino, fugge in un'altra stanza del castello. Nemours aspetta, invano, e decide di tornare la notte successiva. Tuttavia, Nemours fu seguito da una spia al soldo del Principe di Cleves. Alla notizia, il Principe si convince che la moglie lo ha ingannato. Muore di dolore, incolpando la moglie.

Terrorizzata, la Principessa rifiuta di rivedere il Duca. La vidame riesce finalmente a organizzare un incontro segreto tra i due amanti. Nemours confessa di essere stato lui a fare la rivelazione. La Principessa di Cleves rifiuta il Duca e se ne va senza che lui possa trattenerla. Va in esilio sui Pirenei e prende gli ordini sacri. Gravemente malata, morì qualche anno dopo.

# STUDIO DEL CARATTERE

## MME DI CHARTRES

La madre dell'eroina, Mme de Chartres, determina l'intera trama. Venendo dalla provincia, si reca a corte per cercare un marito per la figlia. Incarna i valori morali e aristocratici dei decenni precedenti: il rispetto dei doveri coniugali, l'importanza della reputazione, ecc.

È accompagnata dalla figlia, Mlle de Chartres, che ha cresciuto in un ambiente severo e virtuoso. Vuole che si distingua dalla massa delle altre donne e determina il suo percorso, facendola diventare l'agente del suo piano personale.

Persegue senza sosta questo obiettivo, questo programma, questo fardello, anche sul letto di morte. Dopo aver ascoltato la confessione della figlia sui suoi sentimenti per Nemours, Mme de Chartres non esita a ricorrere al ricatto emotivo: l'amore filiale serve come ultima difesa contro la passione. Ad esempio, durante il saluto finale, dichiara:

> *"Pensa a quello che devi a tuo marito, pensa a quello che devi a te stessa, e pensa che stai per perdere la reputazione che hai acquisito e che io ho tanto desiderato per te. Abbi forza e coraggio, figlia mia, ritirati dal tribunale [...]. Se ragioni diverse da quelle della virtù e del vostro dovere potessero obbligarvi a fare ciò che desidero, vi direi che, se qualcosa potesse turbare la felicità che spero di raggiungere lasciando questo mondo, sarebbe vedervi cadere come le altre donne; ma, se questa disgrazia dovesse capitarvi, accolgo la morte con gioia, per non esserne testimone [...]. Addio, figlia mia, le disse, [...] e ricorda, se puoi, tutto quello che ti ho appena detto". (pp. 91-92)*

Al di là della morte, l'onore della madre dipende dalla condotta della figlia. L'addio ratifica un intero processo di colpevolizzazione. In un certo senso, la madre e l'autore si sovrappongono: la madre segna il destino della figlia, così come l'autore fissa il destino della sua eroina.

## IL PRINCIPE DI CLEVES

Il marito dell'eroina, il Principe di Cleves, si rammarica di aver provocato la confessione della moglie. Consumato dalla gelosia, la accusa di adulterio.

La sua morte fa eco a quella di Mme de Chartres. Anche in questo caso, la morte segue la confessione e il morente dichiara di trovare la morte piacevole grazie a ciò che sa. Proclama solennemente:

> Morirò, "aggiunse", ma devi sapere che tu mi rendi piacevole la morte, e che dopo avermi tolto la stima e la tenerezza che avevo per te, la vita mi aborrirebbe [...]. Addio, signora, un giorno vi mancherà un uomo che vi ha amato con una passione vera e legittima. Proverete il dolore che le persone ragionevoli trovano in questi impegni, e conoscerete la differenza tra l'essere amati come io ho amato voi, e l'essere amati da persone che, nel mostrarvi amore, cercano solo l'onore di sedurvi. Ma la mia morte vi lascerà in libertà, "aggiunse", e potrete rendere felice M. de Nemours, senza che questo vi costi alcun crimine. Cosa importa, "continuò", cosa succederà quando non ci sarò più, e devo avere la debolezza di guardarci dentro?

Il permesso è solo apparente. In effetti, sposare la rivale avrebbe gettato un discredito irreversibile sulla Principessa di Cleves. Con queste parole, il Principe sfida la moglie a rispettare la sua memoria. Possiamo intuire che non si sarebbe mai permessa di essere indegna di suo marito.

# IL DUCA DI NEMOURS

Nelle prime pagine del romanzo il Duca di Nemours è tra gli uomini più ammirevoli della corte. Viene infatti presentato come il più bello, il più distinto, ecc. Naturalmente, la logica del romanzo vorrebbe associarlo alla più bella e distinta delle donne, ovvero la nostra giovane eroina. Ma questa ipotesi viene smentita: si incontrano, ma troppo tardi, perché la Principessa ha già un marito.

Nemours è certamente giovane e bello, ma poi scopriamo la sua vera personalità, mascherata dalle convenzioni: il Duca si rivela un seduttore, un opportunista e un cinico.

## LA VIDAME DI CHARTRES

Lo zio dell'eroina, la vidame de Chartres, viene paragonato a Nemours fin dalle prime pagine. Entrambi personificano la corte con la loro galanteria. È una sorta di doppio di Nemours, di cui ricorda il passato e annuncia il futuro.

Zio e confidente della Principessa di Cleves, potrebbe essere considerato una sorta di sostituto della figura paterna.

## MLLE DE CHARTRES/LA PRINCIPESSA DI CLEVES

L'eroina del romanzo, la Principessa di Cleves, non è tuttavia padrona della sua vita. È influenzata dagli altri protagonisti: l'autorità della madre, la sensibilità del marito, la seduzione di Nemours e l'etichetta della corte.

La Principessa interiorizza i precetti della madre. Due sono le virtù che lei mette al di sopra di tutte le altre: la sincerità, che garantisce la sua missione, e il controllo che esercita sulle sue emozioni. Sfruttando questi principi, pretende di sublimare le mancanze che la minacciano. Allo stesso tempo, si pone inconsciamente come esempio da ammirare ed emulare. Ne consegue una certa forma di orgoglio personale, persino di superbia.

Tuttavia, in alcune situazioni, la sincerità e l'autocontrollo sono in profondo conflitto. La Principessa preferisce confessare le sue mancanze per rispetto di sé. Ogni volta che sente la sua volontà indebolirsi, confessa i suoi errori. Riuscirà la rivelazione dei suoi errori a dissuaderla dal commetterli di nuovo? Senza dubbio lo spera. Crede di domare i propri stati d'animo. In queste messe in scena si mescolano eroismo femminile e narcisismo. Ma la Principessa assume la sua forza. Ogni volta l'indecisione persiste. Ogni volta il difetto peggiora.

Solo la vicinanza della morte la trattiene dalla passione che la agita. Rifugiandosi nella religione, riesce a preservare l'ideale che ha fatto suo. Rinunciando al mondo, mantiene finalmente le sue promesse. Ma a che prezzo!

# CHIAVI DI LETTURA

## UN MONITO CONTRO LA PASSIONE

Mme de La Fayette considera le passioni amorose fatali: odia i problemi, le gelosie, le insoddisfazioni e i dispiaceri che generano. In confronto, i momenti di felicità sarebbero fin troppo fugaci. In questo senso, il termine "passione" si avvicina al suo significato etimologico: sofferenza, dolore.

L'autore oppone una visione diversa dell'amore, influenzata dalla corrente preziosa, alla passione struggente. Sostiene una forma di simpatia solida e benevola, un attaccamento sentimentale e intellettuale, amichevole, persino platonico. Questa unione, cordiale e incrollabile, rasserena il cuore ed è fonte di armonia. È simile all'atarassia stoica (la ricerca dell'assenza di problemi). Si tratta di smussare l'ardore dei problemi passionali per raggiungere l'autocontrollo e l'equilibrio emotivo. Mme de La Fayette stessa ha sperimentato questo modo di vivere l'amore, prima con Gilles Ménage (scrittore francese, 1613-1692), poi con La Rochefoucauld.

### 👁 PREZIOSITÀ

È un fenomeno letterario francese nato nel XVIII secolo nei salotti mondani dove si praticava l'arte della conversazione. La preziosità è caratterizzata da una ricerca di raffinatezza, sia nell'analisi psicologica (soprattutto dell'amore) sia nel modo di esprimersi (i preziosi rifiutano la volgarità e cercano

In questa storia, l'eroina coltiva una visione ideale dell'amore. Cerca un amore sincero e duraturo, privo di interessi o ambizioni, capace di superare la prova del tempo. Rifiuta le relazioni effimere e impure.

Ma, curiosamente, la Principessa sembra essere estranea all'amore del marito, la cui sensibilità è vicina alla sua. A poco a poco, si innamora del Duca di Nemours. Questa passione alienante ostacola la sua intelligenza: non percepisce direttamente il significato delle sue azioni, confessa la sua infedeltà insistendo a mantenere il nome dell'uomo che ama, ecc. Infine, l'eroina si rende conto dell'indiscrezione del Duca di Nemours e realizza amaramente il suo fallimento:

> *"Ho sbagliato a credere che esistesse un uomo capace di nascondere ciò che lusinga la sua gloria. Eppure è a causa di quest'uomo, che pensavo così diverso dal resto degli uomini, che mi ritrovo come le altre donne, essendo così lontana dall'essere come loro. Ho perso il cuore e la stima di un marito che doveva essere la mia felicità. Presto sarò considerato da tutti come una persona che ha una passione folle e violenta."* (p. 184)

Tuttavia, le varie storie di passione che costellano il romanzo – anche se non sono affatto necessarie per l'azione – avevano lo scopo di mettere in guardia l'eroina dai rischi di quest'ultima: idolatria esagerata, dissimulazione, follia, ecc. Avvertimenti vani.

La Principessa capisce che il motivo per cui l'amore si consuma nel matrimonio è che ognuno crede che l'altro sia suo. Capisce anche che la passione dura solo finché la persona amata (Nemours) le sfugge. In breve, si sente mediocre per aver desiderato ciò che non poteva avere. Tuttavia, nonostante tutto, solo la malattia indebolirà i suoi sentimenti appassionati, fino alla rinuncia definitiva:

> *"Questa lunga e imminente vista della morte ha fatto sì che Mme de Clèves vedesse le cose di questa vita con quell'occhio che è così diverso quando si è in salute […]. Superò i residui di quella passione che era stata indebolita dai sentimenti che la malattia le aveva procurato; i pensieri di morte le avevano avvicinato il ricordo di Monsieur de Clèves […]. Infine, dopo anni interi, il tempo e l'assenza hanno rallentato il suo dolore e spento la sua passione. Mme de Clèves viveva in un modo che non lasciava presagire un suo ritorno; trascorreva parte dell'anno in questa casa religiosa e l'altra parte a casa, ma in un ritiro e in occupazioni più sante di quelle dei conventi più austeri; e la sua vita, piuttosto breve, ha lasciato esempi di virtù inimitabili." (pp. 236-239)*

## RALLENTATORE RIFLESSIVO

Nel corso della storia, la Principessa oscilla tra due posizioni:

- l'azione poco controllata. I suoi gesti, le sue parole, i suoi arrossamenti o i suoi silenzi testimoniano la sua passione disordinata. Dà, suo malgrado, segni dei suoi sentimenti;

- riflessione. Si prende del tempo per riflettere sul proprio comportamento. Le valutazioni, alimentate dal pentimento o dal rimorso, portano a risoluzioni per il futuro. In breve, un evento preoccupante è sempre seguito da un'analisi retrospettiva.

Inoltre, questi due atteggiamenti corrispondono a due spazi:

- la vita pubblica, rappresentata dalla corte (a Parigi, a Blois) con le sue cerimonie sontuose, i suoi intrighi e le sue seduzioni ingannevoli;

- ritiro, evocato dalla campagna, dalle stanze private, ecc. Per meditare in pace è necessario fuggire dal mondo. Ogni volta che se ne presenta la necessità, la Principessa si chiude in solitudine.

In questa narrazione in terza persona, l'autoesame può assumere tre forme:

- la descrizione psicologica, che illustra i pensieri dell'eroina;

- il monologo riportato, in cui il discorso della Principessa a se stessa è presentato in stile indiretto;

- il monologo in stile diretto.

Queste sequenze riflessive al rallentatore illustrano lo sforzo della Principessa di vedere oltre la sua confusione. Per sfuggire al caos dei suoi movimenti passionali, tenta di dispiegare un discorso che riorganizzi la sua mente, che la strutturi. Non si tratta di un miscuglio disordinato di impressioni confuse, né di una logorrea di idee sfuggenti, ma di un pensiero lineare, limpido e coerente, illuminato dalla ragione.

> *"[…] Mme de Clèves tornò a casa e si chiuse nel suo studio.*
>
> *È impossibile esprimere il dolore che provò nel sapere, da ciò che sua madre le aveva appena detto, l'interesse che nutriva per M. de Nemours: non aveva ancora osato ammetterlo a se stessa. Si accorse allora che i sentimenti che provava per lui erano quelli che M. de Clèves le aveva tanto richiesto; si accorse di quanto fosse vergognoso provarli per un altro piuttosto che per un marito che li meritava. Si sentiva ferita e imbarazzata dal timore che M. de Nemours volesse usarla come pretesto per Mme la Delfina e questo pensiero la spinse a dire a Mme de Chartres ciò che non gli aveva ancora detto." (pp. 88-89)*

# UNA SCELTA "CORNELIANA"

La confessione al Duca di Nemours è proprio uno di questi rallentamenti riflessivi. Il dilemma tra dovere e passione rivela il carattere intimo della confessione. Questo monologo è caratterizzato dalla lunghezza della risposta di Mme de Clèves rispetto a quella di Nemours. Inoltre, è caratterizzato da frasi lunghe accompagnate da un gran numero di clausole relative:

> *"Vi ho detto troppo per nascondervi* **che** *me lo avete fatto conoscere e* **che** *ho sofferto un dolore così crudele* **la** *sera in cui la Regina mi ha consegnato questa lettera di Madame de Thémines,* **che** *si diceva fosse indirizzata a voi,* **che** *me ne è rimasta un'idea* **che** *mi fa credere* **che** *sia il più grande di tutti i mali." (fine della quarta parte)*

L'uso di queste lunghe frasi evidenzia la lentezza di pensiero della Principessa di Cleves. Non dimentichiamo che si trova nella necessità di scegliere tra il suo dovere e la sua passione. Questo dimostra che il personaggio, mentre parla, sta pensando alla sua decisione finale. Questo stile ripetitivo ci permette di percepire l'esitazione del personaggio.

Alla fine, nel romanzo ci sono molte fasi riflessive, testimonianza di un intenso percorso personale. Questo fa de *La Principessa di Cleves* anche un romanzo di apprendistato, un genere nato in Germania nel XVIII secolo, che traccia lo sviluppo di un eroe.

# GIOCHI DI SGUARDI

Nel romanzo, la comunicazione tra gli individui è indiretta o molto tardiva. Questo spiega le varie forme del verbo "vedere" che si trovano in tutto il romanzo.

## SCENE DI SPIONAGGIO E VOYEURISMO

Le scene simmetriche si svolgono in luoghi esterni al campo.

I protagonisti sono osservati a loro insaputa:

- Nemours spia la Principessa dalla finestra di un mercante di seta;
- la Principessa trova Nemours addormentato in un giardino parigino.

Le spie stesse sono contemplate:

- uno degli amanti guarda il ritratto dell'altro, senza sapere che colui che ammira lo sta osservando;
- la Principessa sorprende Nemours mentre ruba un suo ritratto;
- Nemours spia la Principessa a Coulommiers e la trova afflitta alla vista di un quadro che si è procurata. Il dipinto raffigura l'assedio di Metz, in cui compare Nemours.

## IL PUNTO DI VISTA DEL TRIBUNALE

Al ballo organizzato a corte per il fidanzamento principesco, il Re ordina a Mme de Clèves di ballare con Nemours. Questo ordine ha un significato simbolico: vedendo queste due persone come una coppia accettabile, il Re avalla un'unione illegittima (pp. 71-72).

Inoltre, attraverso l'etichetta che impone, la corte costringe i personaggi a recitare un ruolo, a dare forma a un volto che sarà esposto agli occhi.

## ESSERE VISTI COME UN ESEMPIO

Infine, la Principessa assume e supera il senso di colpa e di mediocrità che la opprime. Recupera la sua autostima e, se incontra Nemours un'ultima volta, è perché gli chiede di riferire la loro conversazione alla vidame de Chartres. In questo modo, intende suscitare l'ammirazione dello zio e proporsi come modello da emulare. D'ora in poi, proponendosi come icona esemplare e irreprensibile, ha un po' più di controllo sullo sguardo altrui e si libera dal ruolo che il tribunale le imponeva.

## UNA CONFESSIONE FUORI DALLA VISTA DEL TRIBUNALE

La confessione della Principessa al Duca di Nemours non avviene sotto lo sguardo della corte. Infatti, il loro incontro non avviene né a corte, caratterizzata dai suoi codici sociali, né nella casa privata e intima di Mme de Clèves, ma in un luogo neutro che non può influenzare il loro comportamento. La confessione dei sentimenti e l'annuncio della partenza possono così essere rivelati liberamente, senza tensioni dall'esterno e in modo sincero. Dal momento che i personaggi si trovano in un luogo al di fuori della corte, la Principessa bandisce tutti i codici della società per liberarsi dal suo fardello: "[…] salterò tutti i ritegni e le delicatezze che dovrei avere in una prima conversazione". (p. 230)

Si prende così la libertà di svincolarsi di tutto ciò che potrebbe impedirle, all'interno della società, di mostrare i suoi sentimenti. D'ora in poi non terrà più conto del decoro che condanna la confessione di una passione.

# IL RITIRO DELLA PRINCIPESSA DI CLEVES È UNA FATALITÀ?

## UNA PASSIONE EFFIMERA

Questa confessione serve anche come argomento sociale per convincersi che l'unico modo per sfuggire alla situazione in cui si trova è ritirarsi dal tribunale. Inoltre, la Principessa di Cleves teme che i sentimenti inaspettati del Duca di Nemours si dissipino con il tempo e la vista di altre donne: "Ma gli uomini conservano la passione in questi impegni eterni? Devo sperare in un miracolo a mio favore […]?

Con questa domanda retorica, la Principessa di Cleves non dà a Nemours alcuna alternativa. Non può negare queste affermazioni. Inoltre, il termine "miracolo" sottolinea la marginalità dell'amore permanente e il destino ineluttabile delle donne sposate.

Questa paura della passione effimera è il primo argomento che controbilancia l'assenza di ostacoli all'amore della Principessa e di Nemours. Mme de Clèves è consapevole che, una volta morto il marito, qualsiasi ostacolo al loro amore non può essere legittimo nella società e agli occhi di Nemours:

> *"So che tu sei libero, che io sono libero, e che le cose sono tali che il pubblico non avrebbe motivo di biasimare te, né me, quando fossimo fidanzati per sempre." (fine della quarta parte)*

La paura dell'infedeltà deriva anche dalla constatazione che l'amore è fugace. In effetti, la Principessa è consapevole che il Duca di Nemours è un uomo affascinante che fa gola a molte donne: "Nulla mi impedisce di sapere che siete nato con tutte le disposizioni per la galanteria e con tutte le qualità che possono dare un felice successo." (fine della quarta parte)

In questa società, la fedeltà e l'amore costante che Mme de Clèves desidera non si trovano. Così la massima che conclude la giustificazione sociale della Principessa di Cleves assume il suo pieno significato: "Si rimprovera un amante; ma si rimprovera un marito, quando si deve solo rimprovergli di non avere più amore?" Questa massima, segnata dall'impersonale e dal tempo presente, evidenzia il destino di una donna sposata.

## LA GELOSIA, UN ELEMENTO COSTITUTIVO DELLA PASSIONE

Tutte queste discussioni sociali sono rafforzate dall'inevitabile comparsa di un sentimento distruttivo, la gelosia. La Principessa teme questa emozione, che le impedirebbe di nascondere la sua passione.

> *"Avrei un dolore mortale, e non sarei nemmeno sicura di non avere la sfortuna della gelosia. Vi ho detto troppo per nascondervi che mi avete fatto conoscere e che ho sofferto un dolore così crudele […] che ne ho ancora un'idea che mi fa credere che sia il più grande di tutti i mali." (fine della quarta parte)*

Le iperboli evidenziate mostrano che non sopporta di essere tradita. Inoltre, sostengono le ragioni sociali che rendono impossibile la loro unione. Il superlativo descrive la gelosia come un male superiore a qualsiasi altra afflizione, contro cui non si può mai combattere. L'espressione iperbolica esprime quindi lo scollamento tra il mondo della corte e i valori della Principessa.

"Sono pochi quelli che non piacciono; la mia esperienza mi porta a credere che non ce ne siano di quelli che non possono piacere" (fine della quarta parte). Utilizzando questa litote, il narratore attenua l'affermazione per renderla più forte. Il Duca di Nemours non riesce a resistere a una nuova passione simile a quella che prova per lei. Di conseguenza, l'argomento sociale convince il lettore e la Principessa della necessità di lasciare la corte e legittima l'osservazione di un amore impossibile. La giovane donna sostiene quindi i valori morali inculcati dalla madre, che desidera preservare.

## IL DOVERE

Anche se cede (cede?) alla sua passione, a parte le sfortunate conseguenze dell'unione coniugale, il suo dovere e il suo senso di colpa la perseguiranno per sempre:

> *"Quando potrò abituarmi a questo genere di disgrazie, potrò abituarmi alla disgrazia di credere che Monsieur de Cleves vi accuserà sempre della sua morte; mi rimprovererà di avervi amato, di avervi sposato [...] " (fine della quarta parte)*

L'uso del condizionale ipotetico sottolinea che, anche se riuscisse a superare la gelosia e l'infedeltà, la forza del suo dovere non le permetterebbe di andare contro i suoi valori e la sua virtù: "È impossibile", continua, "superare ragioni così forti: devo rimanere nello stato in cui sono, e nelle risoluzioni che ho preso per non uscirne mai". (fine della quarta parte) Gli argomenti sociali e personali giustificano la decisione finale di Mme de Clèves di ritirarsi dal tribunale.

# UN PERSONAGGIO TRAGICO

Tutto ciò dimostra che l'eroina può essere considerata come appartenente alla categoria dei personaggi tragici. Innanzitutto, il dilemma corneliano tra passione e dovere è caratteristico delle tragedie classiche. Queste implicano che l'amore è impossibile. È vero che la Principessa scopre gradualmente la passione che prova per il Duca di Nemours e si rende conto che questo sentimento è insormontabile. Non può, con la sua volontà, contrastare il suo destino: "Il mio destino non voleva che godessi di questa felicità […]" (fine della quarta parte). La sua passione non può essere controllata anche se ha la volontà di farlo. Mme de Clèves è predestinata a ritirarsi dal mondo in cui i suoi valori non possono essere mantenuti.

In secondo luogo, i campi lessicali conferiscono alla fine del libro una dimensione tragica. L'infelicità è essenziale per il dinamismo del brano e permette al lettore di intuire il destino del protagonista. Il termine "disgrazia" è usato frequentemente, così come i termini "dolore" e "sofferenza", che contribuiscono alla forza tragica. Nella tragedia classica, l'amore e la passione sono legati tra loro. Ma la passione è anche legata all'infelicità e se Mme de Clèves cedesse alle sue passioni, sarebbe infelice.

# ULTERIORI RIFLESSIONI

## ALCUNE DOMANDE PER UN'ULTERIORE RIFLESSIONE

- La storia è presentata come un resoconto storico dell'epoca di Enrico II. Quali vantaggi offre al romanzo?

- Perché il silenzio della Principessa di Cleves quando le viene rubato il ritratto rivela i suoi sentimenti per il Duca di Nemours?

- Cosa hanno in comune la casa di Coulommiers e il rifugio nei Pirenei?

- "Se giudicate dalle apparenze in questo luogo", rispose Mme de Chartres, "sarete spesso ingannati: ciò che appare non è quasi mai la verità." (p. 75). Indicate alcuni momenti della trama in cui le apparenze nascondono la realtà.

- In che modo l'aneddoto sul signor de Tournon informa la trama principale?

- Quali legami si possono stabilire tra l'avventura della vidame descritta nella lettera perduta e quella della Principessa di Cleves (pp. 129-132)?

- Qual è la funzione del rallentatore riflessivo?

- Perché si dice che *La Principessa di Cleves* è soprattutto "una meditazione sull'amore"?

- Quali differenze si possono osservare tra il contenuto de *La Principessa di Cleves* e la visione medievale dell'amore cortese?

- Quali analogie si possono stabilire tra la trama de *La Principessa di Cleves* e quella de *La nuova Eloisa* di Rousseau?

- In cosa differisce la nostra storia da *Madame Bovary* di Flaubert e da *Il rosso e il nero* di Stendhal?

# PER ANDARE OLTRE

## EDIZIONE DI RIFERIMENTO

La Fayette Madame de, *La Principessa di Cleves*, Parigi, Librairie Générale Française, 1999.

## STUDI DI BENCHMARK

Beaumarchais J.-P. de e Couty D., *Dictionnaire des grandes œuvres de la littérature française*, Paris, Larousse-VUEF, 2001, pp. 1014-1018.

Benac H., *Guide des idées littéraires*, Paris, Hachette, 1988.

Biet C., *La tragédie*, Paris, Armand Colin, 1997.

Dantzig C., *Dictionnaire égoïste de la littérature française*, Paris, Grasset, 2005, pp. 823-825.

Duchêne R., « Madame de La Fayette », in Polet J.-C. (a cura di), *Patrimoine littéraire européen. Avènement de l'équilibre européen (1616-1720)*, Bruxelles, De Boeck, 1996, pp. 731-737.

Niederst A., La Princesse de Clèves: *le roman paradoxal*, Paris, Librairie Larousse, 1973.

Rousset J., *Formes et significations: essais sur les structures littéraires de Corneille à Claudel*, Paris, Librairie José Corti, 1982.

*Vogliamo sapere da voi!*
*Lasciate un commento sulla vostra biblioteca online*
*e condividete i vostri libri preferiti sui social media!*

www.50minutes.com

Master ISBN: 9782808689793
ISBN cartaceo: 9782808611190
Deposito legale: D/2023/12603/1399

Copertura: © Primento

*Concezione digitale a cura di Primento, il partner digitale degli editori.*